<u>Nur für den Dienstgebrauch!</u>

Decknamenbuch

Anlage 8 zum Beiheft zur H.Dv. 427

(Schutz des Nachrichtenverkehrs im Heere)

Vom 26. 4. 1944

Zweck dieser Veröffentlichung ist gemäß §86 Absatz 3 StGB die Bereitstellung von Informationen für die Wissenschaft und die Berichterstattung über Vorgänge der Geschichte. Falls im Originaldokument Symbole verfassungswidriger Organisationen (§86a StGB) enthalten waren, wurden diese entfernt oder durch buchstäbliche Beschreibungen ersetzt.

Bibliografische Informationen der Deutschen Nationalbibliothek:
Die Deutsche Nationalbibliothek verzeichnet diese Publikation
in der Deutschen Nationalbibliografie; detaillierte bibliografische
Daten sind im Internet über http://dnb.dnb.de abrufbar.

© 2020 Thomas Heise
Herstellung und Verlag:
BoD - Books on Demand, Norderstedt

ISBN: 978-3-7504-5176-6

Decknamenbuch

1.	Semester	32.	Dampfbad
2.	Bremse	33.	Wotan
3.	Vollbürger	34.	Heckenkirsche
4.	Hausfreund	35.	Hühnerhändler
5.	Isländer	36.	Möhre
6.	Milchfrau	37.	Olive
7.	Zeigefinger	38.	Zeughaus
8.	Festgeläute	39.	Fischadler
9.	Besuch	40.	Birkhahn
10.	Drossel	41.	Ellipse
11.	Optiker	42.	Packmeister
12.	Pastete	43.	Flötenmacher
13.	Flanell	44.	Kreisamtmann
14.	Korallenfischer	45.	Facharzt
15.	Fabrikaufseher	46.	Brunnen
16.	Spiritus	47.	Wallone
17.	Butterscheibe	48.	Glückskind
18.	Wüstenkönig	49.	Omnibus
19.	Grillenfänger	50.	Felsstück
20.	Kesselschmied	51.	Zement
21.	Metzgerei	52.	Orchidee
22.	Aster	53.	Amboß
23.	Urkunde	54.	Mamsell
24.	Felsklippe	55.	Kohlenarbeiter
25.	Bergbeamter	56.	Fiskus
26.	Drehbank	57.	Dickicht
27.	Operette	58.	Bittbrief
28.	Freudenfeuer	59.	Marmorsäule
29.	Knotenstock	60.	Fuchsbau
30.	Erbfall	61.	Magnet
31.	Sonderling	62.	Feuerstein

63.	Rapsacker	98.	Anna
64.	Nordpol	99.	Klempner
65.	Tabaksdose	100.	Holunder
66.	Flacheisen	101.	Wandkalender
67.	Orkan	102.	Akazie
68.	Windmühle	103.	Tarnkappe
69.	Nachfolger	104.	Hopfenstange
70.	Magister	105.	Orient
71.	Adler	106.	Flitzbogen
72.	Wittfrau	107.	Holzarbeiter
73.	Otter	108.	Damhirsch
74.	Flitzpfeil	109.	Sonntagsarbeiter
75.	Erzengel	110.	Backfisch
76.	Zeppelin	111.	Dienstmann
77.	Rangiergleis	112.	Urteil
78.	Kapriole	113.	Federball
79.	Nadelbüchse	114.	Dornenkrone
80.	Lebensführer	115.	Zahnpulver
81.	Wolfsbrut	116.	Nebelwind
82.	Seemann	117.	Fronarbeiter
83.	Freibauer	118.	Notgeld
84.	Regenmantel	119.	Anleihe
85.	Zepter	120.	Schulrat
86.	Schädelbohrer	121.	Zeisig
87.	Germanist	122.	Mäher
88.	Narzisse	123.	Zacharias
89.	Federbusch	124.	Gewerkschaft
90.	Drogerie	125.	Boykott
91.	Angel	126.	Schablone
92.	Tablett	127.	Osterwoche
93.	Gesundbeter	128.	Karneval
94.	Kehlkopf	129.	Mähne
95.	Angina	130.	Leibgardist
96.	Negus	131.	Magenbitter
97.	Zapfstelle	132.	Nachtigall

133.	Urvater	168.	Perser
134.	Kasematte	169.	Eremit
135.	Sippenforscher	170.	Spielführer
136.	Nagelschmied	171.	Fensterpfeiler
137.	Rakete	172.	Würdenträger
138.	Ostermond	173.	Tigerkatze
139.	Jägermeister	174.	Botaniker
140.	Mahnbrief	175.	Zahnradbahn
141.	Nachttier	176.	Nebelhorn
142.	Zahlkellner	177.	Kiefer
143.	Flintenkugel	178.	Feueranbeter
144.	Ernährer	179.	Ornament
145.	Volksdichter	180.	Donnerschlag
146.	Zahnarzt	181.	Anmut
147.	Drogist	182.	Ferienreise
148.	Urahne	183.	Zaunkönig
149.	Fuchsfalle	184.	Nagelkasten
150.	Urquelle	185.	Hopfenbauer
151.	Dozent	186.	Marktbrunnen
152.	Osterei	187.	Bußpredikt
153.	Wachtelhund	188.	Vorarbeiter
154.	Zubereiter	189.	Bahnsteig
155.	Nadelöhr	190.	Rasenbeet
156.	Angora	191.	Fremdenblatt
157.	Beweis	192.	Lustwandler
158.	Gerichtsdiener	193.	Fachgelehrter
159.	Nebelfleck	194.	Wandmaler
160.	Schopenhauer	195.	Kabeljau
161.	Bahnsteigkarte	196.	Ausguck
162.	Milchzahn	197.	Wortführer
163.	Spinnenkrebs	198.	Maniküre
164.	Dunkelkammer	199.	Sportfreund
165.	Krematorium	200.	Bedachung
166.	Franziskaner	201.	Dachstuhl
167.	Lichtbildner	202.	Hofbuchhändler

203.	Akademie	238.	Knobelbecher
204.	Radio	239.	Erbfolger
205.	Borddienst	240.	Blumentopf
206.	Grasmäher	241.	Pfingstrose
207.	Kleinbauer	242.	Gewährsmann
208.	Ostersonntag	243.	Hutfabrik
209.	Turnverein	244.	Jonathan
210.	Zaunpfahl	245.	Zauberstab
211.	Nagelkopf	246.	Anstalt
212.	Gesangverein	247.	Eilbote
213.	Hosenträger	248.	Prophet
214.	Osterinsel	249.	Nachlaß
215.	Doppeldecker	250.	Glasarbeiter
216.	Lesefreund	251.	Seeadler
217.	Zauberflöte	252.	Kleinbürger
218.	Nachnahme	253.	Floßmeister
219.	Hundehändler	254.	Erzgebirge
220.	Wachsfigur	255.	Seminarist
221.	Fassade	256.	Beisitzer
222.	Seidenbauer	257.	Federgewicht
223.	Getreidehändler	258.	Nagetier
224.	Waffenbruder	259.	Irländer
225.	Nachsommer	260.	Glücksjäger
226.	Giebelfenster	261.	Briefmarke
227.	Maja	262.	Samenhändler
228.	Anprobe	263.	Erdrücken
229.	Orgelpfeife	264.	Lebenslicht
230.	Leierkasten	265.	Vorderlader
231.	Forstaufseher	266.	Fehdehandschuh
232.	Vulkan	267.	Dauerlauf
233.	Beerenwein	268.	Braunkehlchen
234.	Nadelkissen	269.	Eskimo
235.	Zauberkünstler	270.	Ziegenfell
236.	Gestütmeister	271.	Bambus
237.	Ankauf	272.	Rasenbank

273.	Klassenaufseher	308.	Kopiermaschine
274.	Hederich	309.	Nachttisch
275.	Wochengeld	310.	Hornkäfer
276.	Feuerhimmel	311.	Bordstein
277.	Beilage	312.	Sandale
278.	Pedant	313.	Orkus
279.	Zeustempel	314.	Seidenhändler
280.	Marzipan	315.	Etui
281.	Brotschnitte	316.	Kobold
282.	Vatikan	317.	Orchester
283.	Gerichtsdirektor	318.	Original
284.	Journalist	319.	Lötkolben
285.	Nebelschleier	320.	Fremdling
286.	Brummbär	321.	Anhänger
287.	Feierabend	322.	Brandung
288.	Fichte	323.	Vorsteher
289.	Buchhandel	324.	Farbwalze
290.	Damast	325.	Samtmütze
291.	Künstler	326.	Anrichte
292.	Pfandleiher	327.	Dynamo
293.	Keramiker	328.	Takelage
294.	Maßkrug	329.	Stafette
295.	Wortmacher	330.	Organist
296.	Feuertopf	331.	Zauberlaterne
297.	Biskuit	332.	Naturanlage
298.	Falter	333.	Serpentine
299.	Musselin	334.	Leibjäger
300.	Handelsakademie	335.	Färbermeister
301.	Würfelbecher	336.	Dublette
302.	Ozean	337.	Kreisbeamter
303.	Flötist	338.	Fallstrick
304.	Anker	339.	Taftkleid
305.	Gesanglehrer	340.	Zugvogel
306.	Zebra	341.	Elster
307.	Rapsfeld	342.	Drosselklappe

343.	Tautropfen	378.	Federhalter
344.	Brikett	379.	Unterkleid
345.	Feuergerät	380.	Ramses
346.	Zellulose	381.	Mönchskloster
347.	Zeuge	382.	Kapellmeister
348.	Wucherblume	383.	Staatsanwalt
349.	Nachschlüssel	384.	Duschbad
350.	Geschichtsforscher	385.	Luxusware
351.	Ketzergericht	386.	Blendwerk
352.	Wolkenwand	387.	Femegericht
353.	Blutstropfen	388.	Blickfeld
354.	Feldsperling	389.	Veranstalter
355.	Museum	390.	Farbholz
356.	Übergang	391.	Diamant
357.	Leuchtkäfer	392.	Käfer
358.	Fleischbank	393.	Holzmaler
359.	Horoskop	394.	Dämmerlicht
360.	Wachtboot	395.	Löwenfänger
361.	Abstand	396.	Flottenverein
362.	Flötenbohrer	397.	Benediktiner
363.	Neger	398.	Zauberrute
364.	Feilbank	399.	Dampffähre
365.	Schäfer	400.	Tabakbau
366.	Maiglöckchen	401.	Fabelreich
367.	Kaiseradler	402.	Gesellschafter
368.	Seelenhirt	403.	Niednagel
369.	Feldahorn	404.	Indogermane
370.	Christkind	405.	Gußarbeiter
371.	Landregen	406.	Staatskanzler
372.	Ebenholz	407.	Fabrikware
373.	Kreuzblume	408.	Dampfmaschine
374.	Salmiak	409.	Milchjunge
375.	Xantippe	410.	Zichorie
376.	Grobschmied	411.	Feuerkasten
377.	Jubelfeier	412.	Bückling

413. Sprachlehrer
414. Farmer
415. Lumpenhändler
416. Wappenhalter
417. Mitgift
418. Schöffe
419. Hausgenosse
420. Warenhaus
421. Andacht
422. Friedenstifter
423. Hornarbeiter
424. Mustang
425. Untermieter
426. Lehranstalt
427. Flötenspieler
428. Sitzbank
429. Milchladen
430. Zander
431. Hufschmied
432. Operettenschlager
433. Akkord
434. Volksgeist
435. Forstinspektor
436. Rauchware
437. Dorfgemeinde
438. Feuerberg
439. Musikant
440. Grammatiker
441. Holzschnitzer
442. Bohnenstange
443. Klosterbruder
444. Forsthüter
445. Opernglas
446. Ananas
447. Domprediger

448. Unterwasser
449. Mettwurst
450. Blutrache
451. Doppeladler
452. Horndrechsler
453. Almosen
454. Opernhaus
455. Konfirmand
456. Flittergold
457. Ulme
458. Oranier
459. Flammenblume
460. Linoleum
461. Sandformer
462. Nachlese
463. Umschlag
464. Samtblume
465. Operngucker
466. Fabelwelt
467. Sanatorium
468. Ehegatte
469. Dreikant
470. Krippenbeißer
471. Erbsenhülse
472. Korbflechter
473. Gasbrenner
474. Samenträger
475. Samariter
476. Erdscholle
477. Taktstock
478. Kreiselschnecke
479. Gartenarbeiter
480. Lebertran
481. Satiriker
482. Brummbaß

483.	Überzieher	518.	Juwelier
484.	Goldammer	519.	Grubenwerk
485.	Quadrat	520.	Flurfenster
486.	Drahtschleife	521.	Lottospiel
487.	Bordschwelle	522.	Wachshändler
488.	Fakir	523.	Patriot
489.	Drahtseil	524.	Vizekönig
490.	Kreisrichter	525.	Fahrdamm
491.	Futteral	526.	Korpsbruder
492.	Rübezahl	527.	Messingdraht
493.	Beirat	528.	Ziegenmilch
494.	Näharbeiter	529.	Karmeliter
495.	Blocksberg	530.	Gazelle
496.	Ballabend	531.	Aluminium
497.	Zeichensaal	532.	Reibeisen
498.	Harfner	533.	Weinleser
499.	Branntwein	534.	Brauchtum
500.	Schildkröte	535.	Metermaß
501.	Ballon	536.	Regisseur
502.	Fensterladen	537.	Pädagoge
503.	Kontrolleur	538.	Moorbad
504.	Drachenflieger	539.	Katalog
505.	Angestellter	540.	Fahrgast
506.	Flaggenknopf	541.	Bandage
507.	Eimerwerk	542.	Kaufmann
508.	Feigenblatt	543.	Nebelkrähe
509.	Blechmusik	544.	Fronbauer
510.	Waschküche	545.	Paketporto
511.	Ziegelstein	546.	Hilsarbeiter
512.	Bratapfel	547.	Umsiedler
513.	Wahrsager	548.	Melone
514.	Alltag	549.	Abfindung
515.	Orakel	550.	Dämon
516.	Dorfschulze	551.	Kugelfang
517.	Zeichenlehrer	552.	Kommißbrot

553.	Favorit	588.	Seefahrer
554.	Zeltdach	589.	Messerspitze
555.	Stadtbürger	590.	Bohrmaschine
556.	Intermezzo	591.	Fleischhalle
557.	Garderobe	592.	Palisade
558.	Radfahrer	593.	Kapuziner
559.	Abbild	594.	Zuschneider
560.	Heilanstalt	595.	Feenschloß
561.	Ziegenpeter	596.	Lohengrin
562.	Duplikat	597.	Eidechse
563.	Lieferant	598.	Mittagbrot
564.	Bockbier	599.	Kaffeewirt
565.	Menuett	600.	Filzhut
566.	Kraftmensch	601.	Zwerchfell
567.	Spaßmacher	602.	Radiergummi
568.	Tomate	603.	Ablieferung
569.	Kugel	604.	Vollzieher
570.	Messerschmied	605.	Orange
571.	Episode	606.	Frühkonzert
572.	Tafelobst	607.	Pandur
573.	Fernglas	608.	Migräne
574.	Toledo	609.	Handwerker
575.	Drehbock	610.	Speisekammer
576.	Drechsler	611.	Erdachse
577.	Solosänger	612.	Kleinhändler
578.	Gastfreund	613.	Elefant
579.	Drilling	614.	Nebellicht
580.	Seifensieder	615.	Ziehbrunnen
581.	Kokarde	616.	Dammbruch
582.	Pelikan	617.	Halsschmuck
583.	Wintermärchen	618.	Flechtkorb
584.	Flaschenpost	619.	Webergeselle
585.	Domino	620.	Luftmesser
586.	Meßtisch	621.	Talgdrüse
587.	Brandsohle	622.	Halbkreis

623.	Nähmaschine	658.	Fleischergeselle
624.	Eichenbaum	659.	Leistenmacher
625.	Fabrikant	660.	Wagenbauer
626.	Erdball	661.	Orgel
627.	Admiral	662.	Gewerbsmann
628.	Überhang	663.	Unfallkommando
629.	Gevattersmann	664.	Blumenkohl
630.	Orangenblüte	665.	Erfinder
631.	Wachskerze	666.	Doppelpunkt
632.	Leidensgefährte	667.	Musterschule
633.	Messinafeige	668.	Kräuterdoktor
634.	Abrechnung	669.	Serenade
635.	Hopfenhändler	670.	Bodensatz
636.	Federmesser	671.	Hühneradler
637.	Schachtarbeiter	672.	Zebu
638.	Kleeblatt	673.	Blutader
639.	Nachbarland	674.	Engel
640.	Dompfaff	675.	Doppelzentner
641.	Entenjagd	676.	Muskatwein
642.	Ulmenblatt	677.	Kneipwirt
643.	Gewürzhändler	678.	Seeschwalbe
644.	Tenor	679.	Feenmärchen
645.	Wachsmodell	680.	Hypothek
646.	Leidensgenosse	681.	Umlegekragen
647.	Flözbau	682.	Blütenhonig
648.	Milchwirtschaft	683.	Dominikaner
649.	Amsel	684.	Nachernte
650.	Domportal	685.	Kleiderhändler
651.	Nasenwurzel	686.	Saturn
652.	Konsul	687.	Federkiel
653.	Ofentür	688.	Hülsenfrucht
654.	Faulbeere	689.	Allmacht
655.	Hospitant	690.	Fleischfarbe
656.	Krokodil	691.	Lichtkegel
657.	Milchspeise	692.	Wachspuppe

693.	Rebell	728.	Artist
694.	Hafenarbeiter	729.	Moorland
695.	Zeltpfahl	730.	Flutmesser
696.	Börsenrat	731.	Protektor
697.	Epistel	732.	Waisenkind
698.	Dottergelb	733.	Torhüter
699.	Nebelkappe	734.	Grundpfeiler
700.	Korkenzieher	735.	Zaunlatte
701.	Federstrich	736.	Dentist
702.	Kapital	737.	Erntefest
703.	Aufkauf	738.	Duzbruder
704.	Ofenrost	739.	Natternbiß
705.	Ziehharmonika	740.	Elbe
706.	Butterbrot	741.	Sternschnuppe
707.	Fackel	742.	Festkleid
708.	Doppelfenster	743.	Kapitalist
709.	Obstgarten	744.	Sonnenblume
710.	Kunstfreund	745.	Geburtstagskind
711.	Senator	746.	Prinzipal
712.	Fesselbein	747.	Brocken
713.	Jakobiner	748.	Regenschirm
714.	Moselwein	749.	Hausapotheke
715.	Geflügelhändler	750.	Bodensee
716.	Patenkind	751.	Erzherzog
717.	Weizenbrot	752.	Muskateller
718.	Trabant	753.	Drama
719.	Hefteisen	754.	Hüttenarbeiter
720.	Brillenglas	755.	Arena
721.	Etage	756.	Morgenluft
722.	Dressur	757.	Gärtner
723.	Neuntöter	758.	Lorbeerbaum
724.	Kreuzbogen	759.	Witzjäger
725.	Simulant	760.	Tango
726.	Festprediger	761.	Güterbahnhof
727.	Johanniter	762.	Brotlaib

763. Erzfeind
764. Domprobst
765. Muskatblüte
766. Korbmacher
767. Spirale
768. Findling
769. Aufgebot
770. Moskito
771. Fuchseisen
772. Politiker
773. Zuckerhut
774. Taubenei
775. Goldarbeiter
776. Dekoration
777. Falke
778. Dreirad
779. Neffe
780. Kornhändler
781. Flachland
782. Hiobsbote
783. Zedernöl
784. Edelknabe
785. Natternbrut
786. Konsonant
787. Valentin
788. Felsgeröll
789. Isegrimm
790. Augenlicht
791. Müllermeister
792. Galerie
793. Pechhütte
794. Weltmensch
795. Gipsarbeiter
796. Broschüre
797. Reeperbahn

798. Nähzeug
799. Klaviermacher
800. Sprechzimmer
801. Federhut
802. Auslese
803. Muselmann
804. Kreuzer
805. Paragraph
806. Wollhändler
807. Erlöser
808. Gewehrhändler
809. Deckmantel
810. Farbendruck
811. Nähseide
812. Konvikt
813. Siebmacher
814. Federfuchser
815. Kennziffer
816. Ausbeute
817. Fußboden
818. Physiker
819. Zugbrücke
820. Taschenbuch
821. Hebelarm
822. Buchbinder
823. Fachmann
824. Drehbuch
825. Ofenröhre
826. Lackierer
827. Verehrer
828. Karfunkel
829. Aushang
830. Fruchtbaum
831. Paradies
832. Erbfall

833.	Taubenschlag	868.	Feigenkaffee
834.	Dekan	869.	Mühlengraben
835.	Kielfeder	870.	Geburtshelfer
836.	Behälter	871.	Pelzjäger
837.	Finanzminister	872.	Talerstück
838.	Fruchtblatt	873.	Heilbad
839.	Zwillingskind	874.	Ziegelbrennerei
840.	Tapezierer	875.	Diskont
841.	Heidekraut	876.	Etikette
842.	Bürstenbinder	877.	Droschkenkutscher
843.	Ausstellung	878.	Natrium
844.	Milchnapf	879.	Landarzt
845.	Fundament	880.	Segelmacher
846.	Philosoph	881.	Federhändler
847.	Zuckerbäcker	882.	Kahnfahrer
848.	Reformschule	883.	Blockade
849.	Hängebrücke	884.	Mottenpulver
850.	Kaplan	885.	Freibeuter
851.	Farbenpracht	886.	Pflegekind
852.	Doppelflinte	887.	Reifezeugnis
853.	Odenwald	888.	Wolfsrachen
854.	Laborant	889.	Pastellmaler
855.	Felsblock	890.	Flügelfenster
856.	Kapelle	891.	Mineralquell
857.	Aquarium	892.	Ausland
858.	Morgenstern	893.	Kassierer
859.	Futterkasten	894.	Fidelbogen
860.	Löwenzahn	895.	Sturmglocke
861.	Rehbock	896.	Packträger
862.	Hafenmeister	897.	Edelkoralle
863.	Charakter	898.	Nieswurz
864.	Doppelkinn	899.	Kurländer
865.	Nebelmond	900.	Vandale
866.	Lagerhalter	901.	Federkissen
867.	Sozialist	902.	Jupiter

903.	Traumdeuter	938.	Mühlenrad
904.	Wittenberger	939.	Garnprüfer
905.	Tannenbaum	940.	Zuckerpalme
906.	Herzader	941.	Zivilist
907.	Deckblatt	942.	Hilfslehrer
908.	Fabrik	943.	Dienstabteil
909.	Eisbein	944.	Nickelplatte
910.	Obstbaum	945.	Kopfrechner
911.	Kreisarzt	946.	Singmeister
912.	Vermieter	947.	Federkasten
913.	Feuerblick	948.	Katheder
914.	Jagdaufseher	949.	Apotheker
915.	Artikel	950.	Müllerbursche
916.	Mostbirne	951.	Geheimbote
917.	Gasdirektor	952.	Postbote
918.	Provisor	953.	Zweiflügler
919.	Wursthändler	954.	Tanzstunde
920.	Hermelin	955.	Erzguß
921.	Dreichgraf	956.	Musensohn
922.	Erzgrube	957.	Fastensonntag
923.	Augenblick	958.	Luchsauge
924.	Karolinger	959.	Lederarbeiter
925.	Gastgeber	960.	Walzeisen
926.	Monatsrose	961.	Molkerei
927.	Löschblatt	962.	Zervelatwurst
928.	Wunderbaum	963.	Brombeere
929.	Tanzmeister	964.	Felsgestade
930.	Herodes	965.	Sattlermeister
931.	Dielenbrett	966.	Herbstling
932.	Oheim	967.	Lumpensammler
933.	Kürschner	968.	Geldeinnehmer
934.	Verfasser	969.	Bankhaus
935.	Fäustling	970.	Müllergeselle
936.	Kerzengießer	971.	Zeichenbude
937.	Aprikose	972.	Drahtbürste

973.	Paladin	1008.	Kunstliebhaber
974.	Federspanner	1009.	Felsbewohner
975.	Kalbsleder	1010.	Ornat
976.	Moorboden	1011.	Blutbahn
977.	Dampfflug	1012.	Federzirkel
978.	Opus	1013.	Verlagswerk
979.	Lichtgestalt	1014.	Insulaner
980.	Fersenbein	1015.	Barbier
981.	Mittagsschlaf	1016.	Mönchsorden
982.	Dichter	1017.	Warenzeichen
983.	Blütenkelch	1018.	Höhlenmensch
984.	Wandteller	1019.	Bannerträger
985.	Zeiselbär	1020.	Verlosung
986.	Jagdhorn	1021.	Kreideschiefer
987.	Festredner	1022.	Zedernholz
988.	Orgelspiel	1023.	Blumenvase
989.	Eiskälte	1024.	Halbmond
990.	Mexikaner	1025.	Zubringer
991.	Lohnarbeiter	1026.	Musenquell
992.	Drahtgitter	1027.	Gartenzaun
993.	Kiesboden	1028.	Milchstraße
994.	Zeugschmied	1029.	Bariton
995.	Patentanwalt	1030.	Holzmesser
996.	Baracke	1031.	Emir
997.	Heidebiene	1032.	Geschäftsverwalter
998.	Felsgewölbe	1033.	Markensammler
999.	Fabrikherr	1034.	Kiesgrund
1000.	Großneffe	1035.	Edelmetall
1001.	Rasenhügel	1036.	Börsenspieler
1002.	Wassernixe	1037.	Interessent
1003.	Muschelschale	1038.	Fabrikarbeiter
1004.	Palmbaum	1039.	Maulkorb
1005.	Flözgebirge	1040.	Weltwunder
1006.	Banane	1041.	Fliegenwedel
1007.	Glashändler	1042.	Fabelschmied

1043.	Bartholomäus	1078.	Patrizier
1044.	Pechsieder	1079.	Drahtschlinge
1045.	Anstreicher	1080.	Marmelade
1046.	Erle	1081.	Fabrikdirektor
1047.	Eispickel	1082.	Fischangel
1048.	Fruchtfolge	1083.	Besteck
1049.	Zwickelbart	1084.	Freibürger
1050.	Zweikämpfer	1085.	Bibliothek
1051.	Flußbarke	1086.	Frischling
1052.	Kanzleibeamter	1087.	Adreßbuch
1053.	Drahtnetz	1088.	Handarbeiten
1054.	Gesichtsdeuter	1089.	Wachhund
1055.	Markthalle	1090.	Obsthändler
1056.	Zwischenhändler	1091.	Fingerbein
1057.	Rheingau	1092.	Zwingherr
1058.	Dogenpalast	1093.	Flattergras
1059.	Kremtorte	1094.	Fabrikgebäude
1060.	Bleistift	1095.	Nähkasten
1061.	Butterblume	1096.	Flußbett
1062.	Manege	1097.	Betrieb
1063.	Fabeldichter	1098.	Feuerbock
1064.	Meerenge	1099.	Goldgräber
1065.	Botenfrau	1100.	Nesthäkchen
1066.	Holzmeise	1101.	Berberitze
1067.	Muschelkalk	1102.	Platzanweiser
1068.	Geheimpolizist	1103.	Herzog
1069.	Mahlknecht	1104.	Matjeshering
1070.	Hellseher	1105.	Felsenecke
1071.	Pfarrhelfer	1106.	Philipper
1072.	Mastbaum	1107.	Harem
1073.	Brandmauer	1108.	Ersatzstoff
1074.	Lawine	1109.	Kinderfreund
1075.	Beton	1110.	Zentralkörper
1076.	Sternanbeter	1111.	Fruchthändler
1077.	Klassiker	1112.	Eberjagd

1113.	Mandelbaum	1148.	Taschenuhr
1114.	Edelstein	1149.	Briefalbum
1115.	Harfenschläger	1150.	Eckensteher
1116.	Deckelglas	1151.	Butterhandlung
1117.	Nickelmünze	1152.	Werkführer
1118.	Grundherr	1153.	Kleiderständer
1119.	Würfelzucker	1154.	Malermeister
1120.	Bankanweisung	1155.	Bagatelle
1121.	Türklinke	1156.	Enzian
1122.	Geschäftsträger	1157.	Wetterfahne
1123.	Heftfaden	1158.	Felsengruppe
1124.	Perlensticker	1159.	Kronbeamter
1125.	Zweihänder	1160.	Domänenamt
1126.	Kronenwald	1161.	Eiskammer
1127.	Spiegelschleifer	1162.	Deckengemälde
1128.	Holzverwalter	1163.	Magermilch
1129.	Eckpfeiler	1164.	Betschwester
1130.	Deichhauptmann	1165.	Osmane
1131.	Maulwurf	1166.	Butterkammer
1132.	Marmorbüste	1167.	Kalkhütte
1133.	Kanzleidiener	1168.	Flurhüter
1134.	Taschenkrebs	1169.	Badereise
1135.	Gestütverwalter	1170.	Regentschaft
1136.	Bettdecke	1171.	Felsgestein
1137.	Irrlehrer	1172.	Strohflechter
1138.	Felsengruft	1173.	Mandelöl
1139.	Perlmuschel	1174.	Einzug
1140.	Nibelungen	1175.	Papagei
1141.	Raupentöter	1176.	Geschirrkammer
1142.	Felsgrund	1177.	Leckermaul
1143.	Brachvogel	1178.	Flözgestein
1144.	Fleischerladen	1179.	Basilika
1145.	Mandelstrauch	1180.	Automat
1146.	Berichterstatter	1181.	Waldeule
1147.	Kalender	1182.	Zwickmühle

1183.	Flughörnchen	1218.	Briefsteller
1184.	Bettelmönch	1219.	Glaskrämer
1185.	Felsenriff	1220.	Walkmüller
1186.	Drahtkäfig	1221.	Bilanz
1187.	Musensitz	1222.	Flußgold
1188.	Induktor	1223.	Spielgenosse
1189.	Zwirnmühle	1224.	Nähkissen
1190.	Biber	1225.	Flatterechse
1191.	Kartellträger	1226.	Kräuterhändler
1192.	Maharadscha	1227.	Siebenschläfer
1193.	Brillenschlange	1228.	Kupferschmied
1194.	Gußwerk	1229.	Großsultan
1195.	Bienenstock	1230.	Maiskolben
1196.	Forstmann	1231.	Binsenwahrheit
1197.	Kerbmesser	1232.	Kremfarbe
1198.	Hopfenzüchter	1233.	Fleischpastete
1199.	Alraune	1234.	Maienzweig
1200.	Lotteriespiel	1235.	Buchstabe
1201.	Butterfaß	1236.	Kanzelredner
1202.	Flachrennen	1237.	Rabatt
1203.	Windsbraut	1238.	Singschüler
1204.	Märchenschloß	1239.	Brandmal
1205.	Begründung	1240.	Bergelohn
1206.	Festgeber	1241.	Konservator
1207.	Blumentrog	1242.	Nasenbein
1208.	Volksführer	1243.	Ecksäule
1209.	Lehrbursche	1244.	Fabrikkeller
1210.	Lotosblume	1245.	Malschule
1211.	Bierfaß	1246.	Bergamsel
1212.	Felsenbucht	1247.	Gerichtspräsident
1213.	Zettelkasten	1248.	Kesselschläger
1214.	Fabelbuch	1249.	Spielkamerad
1215.	Negersklave	1250.	Bücherverzeichnis
1216.	Manschette	1251.	Linienrichter
1217.	Fruchtkapsel	1252.	Bilderstürmer

1253.	Einöde	1288.	Fruchtknoten
1254.	Konkordat	1289.	Lohndiener
1255.	Dienstalter	1290.	Torfmoor
1256.	Flußhafen	1291.	Schwalbenschwanz
1257.	Bildhauer	1292.	Eckpfosten
1258.	Manteltier	1293.	Handelsamt
1259.	Tabakspfeife	1294.	Drahtschere
1260.	Freidenker	1295.	Goldkäfer
1261.	Darsteller	1296.	Freihändler
1262.	Flachsacker	1297.	Malve
1263.	Briefwechsel	1298.	Billard
1264.	Filigran	1299.	Sprachforscher
1265.	Eiskeller	1300.	Einrichtung
1266.	Fastenpredigt	1301.	Bügeleisen
1267.	Gondelschiffer	1302.	Nimbus
1268.	Einspänner	1303.	Krebskranker
1269.	Freigeist	1304.	Solotänzer
1270.	Märchenbuch	1305.	Felsenhöhle
1271.	Smaragd	1306.	Venuspriester
1272.	Kanzleirat	1307.	Großmeister
1273.	Ehrenmal	1308.	Buschmann
1274.	Taxushecke	1309.	Rebhuhn
1275.	Brasil	1310.	Lichtgießer
1276.	Erwerbsloser	1311.	Buchhalterei
1277.	Tabaksorte	1312.	Kindermantel
1278.	Flammenbogen	1313.	Majolika
1279.	Bildsäule	1314.	Kanzleischreiber
1280.	Kettenpanzer	1315.	Gipsbrenner
1281.	Maiblume	1316.	Warnglocke
1282.	Kerbschnitzer	1317.	Karbol
1283.	Flügelhut	1318.	Seebarbe
1284.	Sauerbrunnen	1319.	Dachfenster
1285.	Ausschlag	1320.	Fallbeil
1286.	Eibenholz	1321.	Heilbrunnen
1287.	Zyklon	1322.	Kerzenhändler

1323.	Hauptarbeiter	1358.	Handelsherr
1324.	Zirbeltier	1359.	Deckplatte
1325.	Bücherkunde	1360.	Nestor
1326.	Flußinsel	1361.	Lungenschützer
1327.	Maultier	1362.	Zylinder
1328.	Sixtina	1363.	Eierkuchen
1329.	Ottomane	1364.	Opportunist
1330.	Fächerpalme	1365.	Alaun
1331.	Deckenbalken	1366.	Fallgrube
1332.	Ranzenriemen	1367.	Nirwana
1333.	Grenzaufseher	1368.	Gipshändler
1334.	Rebstock	1369.	Kronentaler
1335.	Tartar	1370.	Dienstwohnung
1336.	Däumling	1371.	Gartenfreund
1337.	Freimarke	1372.	Beilschlag
1338.	Satrap	1373.	Kieserde
1339.	Felsenkeller	1374.	Nomade
1340.	Dauerwurst	1375.	Fischauge
1341.	Familie	1376.	Marderfell
1342.	Cousine	1377.	Paukenschläger
1343.	Drehkreuz	1378.	Feuertaufe
1344.	Schachspieler	1379.	Stiefvater
1345.	Kerzenleuchter	1380.	Geisterseher
1346.	Lederstiefel	1381.	Querulant
1347.	Ohreule	1382.	Nähnadel
1348.	Kalif	1383.	Kräutersammler
1349.	Rechenbuch	1384.	Talboden
1350.	Handelsfreund	1385.	Deckelbecher
1351.	Flaschenzug	1386.	Pedell
1352.	Makkaroni	1387.	Mameluk
1353.	Pfauenfeder	1388.	Hefthaken
1354.	Zwitterblume	1389.	Neunauge
1355.	Papierbogen	1390.	Kunstredner
1356.	Lohnkellner	1391.	Bittgänger
1357.	Tizian	1392.	Maurermeister

1393.	Dampfsägewerk	1428.	Spießbürger
1394.	Obmann	1429.	Vierfüßler
1395.	Kilogramm	1430.	Oblate
1396.	Binderei	1431.	Wachstafel
1397.	Flitterjahr	1432.	Fabrikhalle
1398.	Hirtenknabe	1433.	Bäckerei
1399.	Bistum	1434.	Vergißmeinnicht
1400.	Heumäher	1435.	Margueritenblume
1401.	Oberhaupt	1436.	Siegelbewahrer
1402.	Kerkermeister	1437.	Nickelstück
1403.	Briefkasten	1438.	Kräutergärtner
1404.	Spitzbart	1439.	Mönchskutte
1405.	Hauptkassierer	1440.	Beleuchtung
1406.	Heckenrose	1441.	Flammenglut
1407.	Mehlbrei	1442.	Niethammer
1408.	Silberkammer	1443.	Kunstgenosse
1409.	Kernbeißer	1444.	Fachschule
1410.	Hilfsprediger	1445.	Erbpächter
1411.	Einmaster	1446.	Buchmacher
1412.	Kelterknecht	1447.	Messerklinge
1413.	Helmfeder	1448.	Blattpflanze
1414.	Flußkrebs	1449.	Kettenwerk
1415.	Kernfrucht	1450.	Widder
1416.	Bengalen	1451.	Koreaner
1417.	Wirtschafter	1452.	Grünhändler
1418.	Lederbereiter	1453.	Eichhorn
1419.	Brückenwaage	1454.	Heimarbeiter
1420.	Klavierspieler	1455.	Regierungsrat
1421.	Sägemühle	1456.	Gegenspieler
1422.	Blitzableiter	1457.	Erker
1423.	Medikus	1458.	Waffenherold
1424.	Gastronom	1459.	Eidesformel
1425.	Wildente	1460.	Wanderfalke
1426.	Erdrutsch	1461.	Bohrkäfer
1427.	Flaggenstange	1462.	Erzeuger

1463.	Dramatiker	1498.	Burgunder
1464.	Felskluft	1499.	Heckenmacher
1465.	Delikatesse	1500.	Eigenbrötler
1466.	Bratenrock	1501.	Tantalus
1467.	Farbenhändler	1502.	Flunder
1468.	Kürassier	1503.	Kunsthändler
1469.	Dampfjacht	1504.	Talsperre
1470.	Gewürzkrämer	1505.	Spießgeselle
1471.	Dachluke	1506.	Barkasse
1472.	Nestelmacher	1507.	Notenblatt
1473.	Wahlkaiser	1508.	Kupferkönig
1474.	Rahmenschuh	1509.	Fruchtkrone
1475.	Wildgraf	1510.	Burgfriede
1476.	Handlungsgehilfe	1511.	Familienbild
1477.	Eichkatze	1512.	Heumonat
1478.	Luzifer	1513.	Regatta
1479.	Flurständer	1514.	Kreidezeichnung
1480.	Messerrücken	1515.	Milchflasche
1481.	Falkenjagt	1516.	Backpflaume
1482.	Deckenputz	1517.	Harfenspieler
1483.	Kunstreiter	1518.	Realschule
1484.	Garnhändler	1519.	Botenlohn
1485.	Wanderlehrer	1520.	Kunstschreiner
1486.	Taubennest	1521.	Flügelkleid
1487.	Eisklumpen	1522.	Keulenkäfer
1488.	Küstenschiffer	1523.	Edeltanne
1489.	Engelsburg	1524.	Werkmeister
1490.	Fanfare	1525.	Erdkugel
1491.	Mietwohnung	1526.	Buchständer
1492.	Ehemann	1527.	Lokalblatt
1493.	Labeflasche	1528.	Flügelmauer
1494.	Blasrohr	1529.	Morgenstunde
1495.	Milchmann	1530.	Kontrabaß
1496.	Kontobuch	1531.	Brutus
1497.	Himmelskörper	1532.	Kupferstecher

1533.	Farbentafel	1568.	Tokayer
1534.	Handelsminister	1569.	Fangschnur
1535.	Eigentümer	1570.	Amtsgericht
1536.	Gaugraf	1571.	Bruthenne
1537.	Bahnarbeiter	1572.	Federbett
1538.	Möwenei	1573.	Bewilligung
1539.	Pfannkuchen	1574.	Nacherbe
1540.	Wächterhaus	1575.	Ohrring
1541.	Elektriker	1576.	Blechbüchse
1542.	Nerzpelz	1577.	Liebhaber
1543.	Mistelbeere	1578.	Küstenwächter
1544.	Kerzenträger	1579.	Ohrmuschel
1545.	Eisjagd	1580.	Finanzrat
1546.	Morgenstille	1581.	Sonnenmesser
1547.	Nomadenzelt	1582.	Kielwasser
1548.	Fallgitter	1583.	Gipsfigur
1549.	Mittagssonne	1584.	Autobahn
1550.	Keulenschwinger	1585.	Tonerde
1551.	Nestflüchter	1586.	Olivenbaum
1552.	Himmelbett	1587.	Kreuzfahrer
1553.	Baldrian	1588.	Dorfjunker
1554.	Nordkapfahrer	1589.	Silberreiher
1555.	Deichmeister	1590.	Kanzleivorsteher
1556.	Ölgemälde	1591.	Pachtherr
1557.	Brennapparat	1592.	Limonade
1558.	Nestbau	1593.	Brandmalerei
1559.	Spitzkopf	1594.	Nasenscheide
1560.	Blaubart	1595.	Eindringling
1561.	Riesenschlange	1596.	Ölfarbe
1562.	Rabenmutter	1597.	Veroneser
1563.	Hauptlehrer	1598.	Eisjacht
1564.	Misteldrossel	1599.	Kilometerfresser
1565.	Blendlaterne	1600.	Farbkasten
1566.	Waliser	1601.	Deichrichter
1567.	Waldkauz	1602.	Marktplatz

1603.	Bleichgesicht	1638.	Delegierter
1604.	Rehkeule	1639.	Mützenschild
1605.	Geigenspieler	1640.	Diogenes
1606.	Nonnenkloster	1641.	Pergament
1607.	Fahnenstock	1642.	Falltür
1608.	Kontinent	1643.	Maikäfer
1609.	Dachdecker	1644.	Konstantin
1610.	Palmhaus	1645.	Eintopf
1611.	Glasbläser	1646.	Deckelkrug
1612.	Ellbogen	1647.	Seehändler
1613.	Bussard	1648.	Feuerbrücke
1614.	Makler	1649.	Eichamt
1615.	Leopold	1650.	Windblume
1616.	Federwagen	1651.	Flachsbart
1617.	Himmelbraut	1652.	Makrone
1618.	Schneidermeister	1653.	Petersilie
1619.	Falkenhaube	1654.	Fabrikinhaber
1620.	Kristallfabrik	1655.	Kindergärtner
1621.	Deckelkorb	1656.	Sternenbanner
1622.	Skeptiker	1657.	Nummerntafel
1623.	Kieselschiefer	1658.	Fackelträger
1624.	Edelweiß	1659.	Brotsuppe
1625.	Ladenbursche	1660.	Dachsbau
1626.	Donnerbüchse	1661.	Eiland
1627.	Pechvogel	1662.	Rechtshänder
1628.	Mandarin	1663.	Sommerwetter
1629.	Blondkopf	1664.	Kindernarr
1630.	Lackarbeiter	1665.	Doggerbank
1631.	Buttermarkt	1666.	Bußgebet
1632.	Durchlaucht	1667.	Kleinkrämer
1633.	Maschenpanzer	1668.	Glasmaler
1634.	Patriarch	1669.	Fabelland
1635.	Topas	1670.	Matratze
1636.	Güterhändler	1671.	Nelkenstrauß
1637.	Elfenkönig	1672.	Landbewohner

1673.	Färbergeselle	1708.	Drehorgel
1674.	Flußkahn	1709.	Gewissensrat
1675.	Ebenbild	1710.	Löschpapier
1676.	Mausefalle	1711.	Fleckwasser
1677.	Freudenreich	1712.	Bläuling
1678.	Pastorale	1713.	Karlmann
1679.	Figurant	1714.	Hortensie
1680.	Hebelmaschine	1715.	Landesfürst
1681.	Oberon	1716.	Farbenskala
1682.	Fremdenblatt	1717.	Erzvater
1683.	Barock	1718.	Fruchtmarkt
1684.	Krebsschere	1719.	Druckbogen
1685.	Heftpflaster	1720.	Fabrikstadt
1686.	Druckbalken	1721.	Markstein
1687.	Freudenfeier	1722.	Speicherzelle
1688.	Kunstfärber	1723.	Notnagel
1689.	Muskatnuß	1724.	Drehscheibe
1690.	Fotograf	1725.	Epilog
1691.	Logarithmus	1726.	Marktstand
1692.	Walkwerk	1727.	Kinderwagen
1693.	Glockenblume	1728.	Reisekoffer
1694.	Dirigent	1729.	Ohrgehänge
1695.	Gestrüpp	1730.	Tigerfell
1696.	Vesuv	1731.	Spukgeist
1697.	Treppenhaus	1732.	Kreisbehörde
1698.	Wildschütze	1733.	Bücherstube
1699.	Redakteur	1734.	Handlanger
1700.	Doktorand	1735.	Druckfehler
1701.	Deckeltanne	1736.	Ladenhüter
1702.	Fackelzug	1737.	Kontoinhaber
1703.	Oktavio	1738.	Kunststopfer
1704.	Einhufer	1739.	Perlenküste
1705.	Klosterschule	1740.	Gipsmacher
1706.	Faßboden	1741.	Dienstzweig
1707.	Kinderschule	1742.	Filiale

1743.	Bahnuhr	1778.	Flötenstimme
1744.	Mehlwurm	1779.	Kalvinist
1745.	Funkempfänger	1780.	Feuerfahne
1746.	Matrize	1781.	Verschwender
1747.	Klassenlehrer	1782.	Buschklepper
1748.	Fischbein	1783.	Flitterstaat
1749.	Margarine	1784.	Dampfkasten
1750.	Baßbläser	1785.	Werftbesitzer
1751.	Domschule	1786.	Sachkenner
1752.	Kornkeller	1787.	Quartett
1753.	Verpächter	1788.	Pfiffikus
1754.	Feierkleid	1789.	Mäuseturm
1755.	Pensionär	1790.	Diwan
1756.	Flutmühle	1791.	Fabrikbesitzer
1757.	Kurzwarenhändler	1792.	Querpfeifer
1758.	Dilettant	1793.	Einbläser
1759.	Notanker	1794.	Radstange
1760.	Flußpferd	1795.	Protestant
1761.	Mangelholz	1796.	Beamter
1762.	Kirchenvater	1797.	Hüttenbesitzer
1763.	Finanzrat	1798.	Fingerhut
1764.	Winterschlaf	1799.	Geranium
1765.	Radfelge	1800.	Korrespondent
1766.	Nordwelt	1801.	Bücherwart
1767.	Damenspiel	1802.	Palmwedel
1768.	Faßbohrer	1803.	Frühlingshauch
1769.	Degenband	1804.	Hüttenbeamter
1770.	Kirchenvorsteher	1805.	Fischblut
1771.	Ehrenpreis	1806.	Versammlung
1772.	Lastträger	1807.	Handlungs-reisender
1773.	Dochthalter		
1774.	Unterführung	1808.	Lohgerber
1775.	Hutständer	1809.	Maulbeere
1776.	Backenzahn	1810.	Kassenführer
1777.	Malzzucker	1811.	Goldmacher

1812.	Druckfirma	1847.	Talisman
1813.	Fasanerie	1848.	Herrschergeist
1814.	Fronbote	1849.	Eisbrecher
1815.	Vereinstaler	1850.	Faßspund
1816.	Karthager	1851.	Dampfküche
1817.	Archiv	1852.	Kostverächter
1818.	Heringsfang	1853.	Observatorium
1819.	Brennerei	1854.	Maskenball
1820.	Falschmünzer	1855.	Beichtkind
1821.	Rädelsführer	1856.	Kirchgänger
1822.	Hundewärter	1857.	Fahrpreis
1823.	Baumwolle	1858.	Direktor
1824.	Hermes	1859.	Krabbenfänger
1825.	Flammenmeer	1860.	Holzmacher
1826.	Raddampfer	1861.	Sophist
1827.	Herkules	1862.	Feierstunde
1828.	Korinthe	1863.	Kartograph
1829.	Spottdichter	1864.	Meerwasser
1830.	Fingerkraut	1865.	Gefühlsmensch
1831.	Kirchenbeamter	1866.	Possenreißer
1832.	Baugewerbe	1867.	Wallmeister
1833.	Flattertier	1868.	Tannenzapfen
1834.	Leselehrer	1869.	Heringsfischer
1835.	Weißgerber	1870.	Drehstrom
1836.	Hexentanz	1871.	Fahrrad
1837.	Dreivierteltakt	1872.	Brautstand
1838.	Faßreif	1873.	Lageraufseher
1839.	Dampfkessel	1874.	Ohrwurm
1840.	Kronenerbe	1875.	Siegesfürst
1841.	Hannibal	1876.	Katzenauge
1842.	Sprungfeder	1877.	Blinkfeuer
1843.	Fehlsumme	1878.	Meilenstein
1844.	Bindeglied	1879.	Gesundbrunnen
1845.	Meerschaum	1880.	Talkerde
1846.	Gartenmauer	1881.	Kohlenbrenner

1882.	Dampfmühle	1917.	Kammerdiener
1883.	Opernsänger	1918.	Bassist
1884.	Vierspänner	1919.	Erdbeben
1885.	Feldaltar	1920.	Kontorist
1886.	Kantonist	1921.	Idealist
1887.	Bankherr	1922.	Ahorn
1888.	Landratte	1923.	Klabautermann
1889.	Geheimrat	1924.	Erdarbeiter
1890.	Meisterstück	1925.	Glaubensbruder
1891.	Gewerbelehrer	1926.	Kammergericht
1892.	Volksfreund	1927.	Fischdampfer
1893.	Tageblatt	1928.	Kavalier
1894.	Dampfpfeife	1929.	Fingerwurm
1895.	Fahrschein	1930.	Erdbohrer
1896.	Gläubiger	1931.	Glasschmelzer
1897.	Feldapotheke	1932.	Brennspiritus
1898.	Dampfpresse	1933.	Erdenbürger
1899.	Kellergewölbe	1934.	Kokospalme
1900.	Fischbrut	1935.	Sekundant
1901.	Baumschule	1936.	Imker
1902.	Iltis	1937.	Fliederbaum
1903.	Meisterhand	1938.	Buchweizen
1904.	Gerbermeister	1939.	Kammacher
1905.	Salpeter	1940.	Feuerfalter
1906.	Domgewölbe	1941.	Kühleimer
1907.	Erbmasse	1942.	Kammerpräsident
1908.	Feldstuhl	1943.	Fischerknabe
1909.	Sperber	1944.	Flutzeit
1910.	Erdapfel	1945.	Feuerfarbe
1911.	Drachentöter	1946.	Drachenschwanz
1912.	Erdball	1947.	Hirschbock
1913.	Brennessel	1948.	Dampfpumpe
1914.	Kollege	1949.	Laubhütte
1915.	Erdbeere	1950.	Olymp
1916.	Drachenkopf	1951.	Salto

1952.	Gerichtsbeamter	1987.	Laufbursche
1953.	Sperling	1988.	Fahrsignal
1954.	Feldweg	1989.	Fischgabel
1955.	Indianer	1990.	Violine
1956.	Fischfang	1991.	Fruchtspeicher
1957.	Spekulant	1992.	Quacksalber
1958.	Fliegenfenster	1993.	Bauchredner
1959.	Pfadfinder	1994.	Kegeljunge
1960.	Novelle	1995.	Sakrament
1961.	Komödiant	1996.	Geldwechsler
1962.	Dampfschraube	1997.	Vogelbauer
1963.	Heideboden	1998.	Fischgericht
1964.	Dreispänner	1999.	Fahrstraße
1965.	Kammerherr	2000.	Kugelgelenk
1966.	Lockvogel	2001.	Brettspiel
1967.	Fliederblüte	2002.	Heilgehilfe
1968.	Speisekeller	2003.	Eidam
1969.	Feuerfresser	2004.	Buchhalter
1970.	Exkaiser	2005.	Kühlschrank
1971.	Glasermeister	2006.	Fahrgeld
1972.	Buchsbaum	2007.	Seilmacher
1973.	Eiweiß	2008.	Folterbank
1974.	Wappenmaler	2009.	Sackträger
1975.	Erdgeist	2010.	Hospital
1976.	Spargelmesser	2011.	Kammerjunker
1977.	Garnweber	2012.	Masseur
1978.	Spezialist	2013.	Salzkasten
1979.	Feuerfunke	2014.	Gerichtsbote
1980.	Erdgeschoß	2015.	Seitenmauer
1981.	Damenschneider	2016.	Fischhaken
1982.	Hitzkopf	2017.	Kühlwasser
1983.	Dotterblume	2018.	Dachfahne
1984.	Wagenlenker	2019.	Hochzeiter
1985.	Hinterstube	2020.	Erlenholz
1986.	Bruderschaft	2021.	Kolonist

2022.	Fahrplan	2057.	Sagendichter
2023.	Vogelfänger	2058.	Obergeschoß
2024.	Fruchtzucker	2059.	Manometer
2025.	Listenführer	2060.	Kellermeister
2026.	Kammersänger	2061.	Barometer
2027.	Becher	2062.	Lukendeckel
2028.	Kellerfenster	2063.	Flügelschraube
2029.	Quecksilber	2064.	Spiegelfabrik
2030.	Fliederstrauch	2065.	Fensterspalt
2031.	Völkerfriede	2066.	Kulisse
2032.	Feldblume	2067.	Heimkehrer
2033.	Krähenfeder	2068.	Drehtüre
2034.	Hofapotheker	2069.	Volkslehrer
2035.	Laufwerk	2070.	Daumschraube
2036.	Kristallvase	2071.	Historiker
2037.	Vogelhändler	2072.	Kragenschoner
2038.	Folterkammer	2073.	Eßlöffel
2039.	Lehrdichter	2074.	Vogelsteller
2040.	Nudelsuppe	2075.	Fliegenfänger
2041.	Klappermühle	2076.	Exportware
2042.	Bauholz	2077.	Krämergeist
2043.	Flußräuber	2078.	Speckkäfer
2044.	Speisemeister	2079.	Eukalyptus
2045.	Feuermelder	2080.	Vogelzüchter
2046.	Kuhzüchter	2081.	Flammenofen
2047.	Hobler	2082.	Pelzwerk
2048.	Dornenhecke	2083.	Klappmesser
2049.	Walfisch	2084.	Feldpaket
2050.	Eisbahn	2085.	Landesvater
2051.	Dampfspritze	2086.	Erdgeborener
2052.	Hirschfänger	2087.	Himmelsbote
2053.	Konditor	2088.	Ehrensold
2054.	Feldmesser	2089.	Buchverleiher
2055.	Spediteur	2090.	Hauslehrer
2056.	Forstmeister	2091.	Farnkraut

2092.	Fischotter	2127.	Fischmesser
2093.	Importeur	2128.	Expreßgut
2094.	Spiegelfenster	2129.	Kohlenhändler
2095.	Perlfalter	2130.	Heilkundiger
2096.	Operateur	2131.	Himmelsglobus
2097.	Erdöl	2132.	Landesgericht
2098.	Glasschneider	2133.	Fadennudel
2099.	Ehrensalve	2134.	Hutmacher
2100.	Dachschiefer	2135.	Malerwerkstatt
2101.	Heideläufer	2136.	Fastnacht
2102.	Fabeltier	2137.	Volkscharakter
2103.	Kohlenbunker	2138.	Drehschleife
2104.	Feuerlärm	2139.	Gipfel
2105.	Komparse	2140.	Oberamt
2106.	Erdkreis	2141.	Feuerschein
2107.	Dockarbeiter	2142.	Eisbank
2108.	Irrgarten	2143.	Klappfächer
2109.	Hektogramm	2144.	Fichtenholz
2110.	Fahrstuhl	2145.	Eisbeere
2111.	Druckpapier	2146.	Stadtkämmerer
2112.	Jagdgesellschaft	2147.	Schnürriemen
2113.	Krabbenspinne	2148.	Spornträger
2114.	Feuerhahn	2149.	Märchenfee
2115.	Barbarossa	2150.	Sprachgelehrter
2116.	Automobil	2151.	Bundschuh
2117.	Sehrohr	2152.	Rehblatt
2118.	Plättfrau	2153.	Malzkaffee
2119.	Vermittler	2154.	Kranich
2120.	Kaminfeger	2155.	Domänenpächter
2121.	Exkönig	2156.	Fasching
2122.	Kunde	2157.	Polizist
2123.	Fischkorb	2158.	Manteltuch
2124.	Kandare	2159.	Gerichtsschild
2125.	Sahara	2160.	Vikar
2126.	Stabträger	2161.	Flachsbrecher

2162.	Hemmschuh	2197.	Gärtnerei
2163.	Buchhändler	2198.	Kannegießer
2164.	Felsenmasse	2199.	Wechselhändler
2165.	Matrone	2200.	Goldsucher
2166.	Bauplan	2201.	Firstbalken
2167.	Finkenbauer	2202.	Kegelschieber
2168.	Sprachkenner	2203.	Stahlarbeiter
2169.	Mattscheibe	2204.	Marderpelz
2170.	Lehrmeister	2205.	Ampfer
2171.	Heftnadel	2206.	Staatsbürger
2172.	Finkenhabicht	2207.	Fahrtenschwimmer
2173.	Löffelkraut	2208.	Kantate
2174.	Examinand	2209.	Ignorant
2175.	Mauerschwalbe	2210.	Doldenblüte
2176.	Fichtenspinner	2211.	Kellerwirt
2177.	Kunsttischler	2212.	Vielhufer
2178.	Stellenhalter	2213.	Maskenfest
2179.	Pegasus	2214.	Forstschüler
2180.	Goldschmied	2215.	Kamingitter
2181.	Ferndrucker	2216.	Stachelbeere
2182.	Finanzpächter	2217.	Dolomiten
2183.	Kelchblüter	2218.	Selektaner
2184.	Vorbeter	2219.	Volksredner
2185.	Felsengebirge	2220.	Walfänger
2186.	Dokument	2221.	Nesseltuch
2187.	Sandläufer	2222.	Flachsfeld
2188.	Fahrweg	2223.	Mandelkern
2189.	Bargeld	2224.	Klangmesser
2190.	Mansardenkammer	2225.	Eheglück
2191.	Stadtmusikant	2226.	Felsenpfad
2192.	Leistenschneider	2227.	Kleiderverleiher
2193.	Feuerwächter	2228.	Salami
2194.	Eulennest	2229.	Tintenfisch
2195.	Löffelente	2230.	Flachsspinner
2196.	Paßstraße	2231.	Marmorplatte

2232.	Feiertag	2267.	Lehrkörper
2233.	Maidenschule	2268.	Erbsteuer
2234.	Fluchtpunkt	2269.	Klopffechter
2235.	Doppelgänger	2270.	Hechtkönig
2236.	Seidenmaler	2271.	Flußschiffer
2237.	Mammon	2272.	Lerchenfalke
2238.	Fürstenhut	2273.	Batist
2239.	Meeresspiegel	2274.	Kauffahrer
2240.	Fahrtreppe	2275.	Temperament
2241.	Malkasten	2276.	Paßgänger
2242.	Gerichtsverwalter	2277.	Friedländer
2243.	Seeungeheuer	2278.	Kolibri
2244.	Kalkschiefer	2279.	Messerschneide
2245.	Pfingstblume	2280.	Erbsenstrauch
2246.	Flachsmühle	2281.	Pachtbesitz
2247.	Kleriker	2282.	Atlas
2248.	Brandkalk	2283.	Erbschleicher
2249.	Ehepartner	2284.	Baumkuchen
2250.	Kastanie	2285.	Feuergitter
2251.	Staatsminister	2286.	Laubfänger
2252.	Felsennest	2287.	Fensterkreuz
2253.	Mansarde	2288.	Bankgeschäft
2254.	Seeräuber	2289.	Monoplan
2255.	Grundherrschaft	2290.	Evastochter
2256.	Perlmutter	2291.	Hechtsprung
2257.	Hypnotiseur	2292.	Fensterflügel
2258.	Walache	2293.	Erbsensuppe
2259.	Erbprinz	2294.	Braunstein
2260.	Kochkünstler	2295.	Glockengießer
2261.	Lehnherr	2296.	Kulturkämpfer
2262.	Erbregister	2297.	Hungerleider
2263.	Feuerlilie	2298.	Fenstergardine
2264.	Flammensäule	2299.	Doppellinde
2265.	Hüttenherr	2300.	Seiltänzer
2266.	Erbsenkäfer	2301.	Flammenschwert

2302. Kornbauer
2303. Erblasser
2304. Anatom
2305. Ehefeind
2306. Grenzbeamter
2307. Kronenhirsch
2308. Hausmeister
2309. Erdraum
2310. Koffermacher
2311. Grenzwächter
2312. Fenstergitter
2313. Mittagsmahl
2314. Fruchtträger
2315. Kompresse
2316. Heidelerche
2317. Erdgeschichte
2318. Domschmuck
2319. Mittagspause
2320. Fremdenbuch
2321. Kornmakler
2322. Hauptunternehmer
2323. Talklima
2324. Ehekontrakt
2325. Leseschüler
2326. Fliegengitter
2327. Kollekteur
2328. Leinhändler
2329. Experiment
2330. Leinweber
2331. Flammenstrom
2332. Königsadler
2333. Heuschrecke
2334. Eulenspiegel
2335. Ferienkolonie
2336. Klöppelarbeiter

2337. Festschrift
2338. Möbeltischler
2339. Fagott
2340. Kronprinz
2341. Fahneneid
2342. Leckerbissen
2343. Friedensstörer
2344. Knochensplitter
2345. Glaubensgenosse
2346. Estrich
2347. Liedersänger
2348. Flammentod
2349. Kornspeicher
2350. Erbauer
2351. Baldur
2352. Feuerhaken
2353. Dunkelmann
2354. Parkett
2355. Eselsbrücke
2356. Felsenquelle
2357. Kritiker
2358. Glockenhammer
2359. Erzieher
2360. Feldschnecke
2361. Kreisinspektor
2362. Flockentuch
2363. Pappelbaum
2364. Fischblase
2365. Stadtschreiber
2366. Domkapitel
2367. Zerreißprobe
2368. Gallapfel
2369. Lehnsträger
2370. Tafeltuch
2371. Klinke

2372. Bankett
2373. Drucksache
2374. Staatsgefangener
2375. Miedertuch
2376. Flötenwerk
2377. Mohnsamen
2378. Blätterstock
2379. Fluchtröhre
2380. Pfalzgraf
2381. Hirtentasche
2382. Fahnenstange
2383. Katzentiger
2384. Effektenmakler
2385. Basar
2386. Philister
2387. Eckschrank
2388. Kreisbogen
2389. Bürokrat
2390. Modistin
2391. Klavierstimmer
2392. Fechtboden
2393. Hirschjäger
2394. Moskitotuch
2395. Baronesse
2396. Fehrbellin
2397. Sopranist
2398. Flügeltür
2399. Morgen
2400. Marschland
2401. Korkschneider
2402. Glückspilz
2403. Eideshelfer
2404. Tinte
2405. Lotsenfisch
2406. Goldwäscher

2407. Kronzeuge
2408. Forstverwalter
2409. Mantelsack
2410. Felsenschwalbe
2411. Dachsfell
2412. Hüttensteiger
2413. Fauna
2414. Eismonat
2415. Spaltmesser
2416. Erlkönig
2417. Flaggentuch
2418. Kohlenmakler
2419. Hauptredakteur
2420. Saatkorn
2421. Meisterwerk
2422. Festmahl
2423. Eisblume
2424. Stammbuch
2425. Mirabelle
2426. Brillant
2427. Edelwild
2428. Fichtenzapfen
2429. Mitbürger
2430. Leibrentner
2431. Parteigänger
2432. Festwoche
2433. Virgil
2434. Keiltreiber
2435. Erzofen
2436. Kreuzgewölbe
2437. Forstwächter
2438. Fahrkarte
2439. Kirchenverwalter
2440. Chemiker
2441. Eckzimmer

2442.	Stahlhütte	2477.	Parabel
2443.	Möbelhändler	2478.	Büffelherde
2444.	Rabe	2479.	Eckhaus
2445.	Eilwagen	2480.	Lohnkutscher
2446.	Felsenspitze	2481.	Formschneider
2447.	Flurwächter	2482.	Herbarium
2448.	Rauschbeere	2483.	Freischüler
2449.	Puritaner	2484.	Sokratiker
2450.	Fencheltee	2485.	Eisdecke
2451.	Badeanstalt	2486.	Felsenweg
2452.	Infant	2487.	Mohrenland
2453.	Felswand	2488.	Orakelspruch
2454.	Posaunist	2489.	Mustafa
2455.	Bücherwurm	2490.	Kartengeber
2456.	Languste	2491.	Eichelhäher
2457.	Freimesse	2492.	Saffian
2458.	Felsenfeste	2493.	Eisberg
2459.	Einsitzer	2494.	Fensternische
2460.	Stellmeister	2495.	Löffelreiher
2461.	Lokomotive	2496.	Kuchenbäcker
2462.	Choleriker	2497.	Nähschule
2463.	Fruchtwasser	2498.	Feuermittel
2464.	Kriekente	2499.	Stahlschneider
2465.	Fürstenschule	2500.	Illustrator
2466.	Papierdrache	2501.	Fernzentrale
2467.	Modeware	2502.	Vielesser
2468.	Hauptperson	2503.	Paktierer
2469.	Radieschen	2504.	Fensterpolster
2470.	Moospflanze	2505.	Eisbeutel
2471.	Feuerwasser	2506.	Vielwisser
2472.	Moralist	2507.	Minarett
2473.	Polster	2508.	Hammerfisch
2474.	Vogeldeuter	2509.	Kranarbeiter
2475.	Kosmopolit	2510.	Fensterriegel
2476.	Dachshund	2511.	Stammhalter

2512.	Imperator	2547.	Mitgliedskarte
2513.	Miterbe	2548.	Fischhändler
2514.	Lindenschwärmer	2549.	Stacheltierchen
2515.	Küchenmeister	2550.	Fußwanderer
2516.	Leitartikel	2551.	Münzamt
2517.	Fensterrahmen	2552.	Fensterwirbel
2518.	Badearzt	2553.	Schachtelhändler
2519.	Hammerschmied	2554.	Glücksstifter
2520.	Nußknacker	2555.	Vasall
2521.	Steinhäger	2556.	Wanderprediger
2522.	Wappenkönig	2557.	Wagenkämpfer
2523.	Stadtvorsteher	2558.	Forelle
2524.	Mineralwasser	2559.	Seilermeister
2525.	Bücherfreund	2560.	Schrifttum
2526.	Lautenkasten	2561.	Mohrenkopf
2527.	Morgenandacht	2562.	Wandervogel
2528.	Bierbund	2563.	Güterverwalter
2529.	Himmelswagen	2564.	Pferdehändler
2530.	Opernstück	2565.	Mosaikstein
2531.	Laternenhalter	2566.	Verordneter
2532.	Pappenheimer	2567.	Bücherzettel
2533.	Pickelhaube	2568.	Mondfinsternis
2534.	Waldbewohner	2569.	Panzerhemd
2535.	Fagottbläser	2570.	Fechtmeister
2536.	Buchtasche	2571.	Hirschkäfer
2537.	Moräne	2572.	Mondsichel
2538.	Männertreu	2573.	Speisezimmer
2539.	Bahnhofsvorsteher	2574.	Schnittlauch
2540.	Erzhalde	2575.	Ballade
2541.	Küchenfeuer	2576.	Monument
2542.	Hochbahn	2577.	Fermate
2543.	Stachelhäuter	2578.	Mückenschwarm
2544.	Mispelbaum	2579.	Palastdiener
2545.	Bullauge	2580.	Schlüsselbund
2546.	Prellbock	2581.	Moskitonetz

2582.	Hauptstädter	2617.	Salbader
2583.	Singvogel	2618.	Staatsdiener
2584.	Mühlenwerk	2619.	Fachwerk
2585.	Sektierer	2620.	Henkelglas
2586.	Feuermesser	2621.	Regalgestell
2587.	Mückenstich	2622.	Küchenjunge
2588.	Silbenstecher	2623.	Regenfall
2589.	Bannmeile	2624.	Mansardenfenster
2590.	Hummersalat	2625.	Spätherbst
2591.	Mühlenstein	2626.	Extrablatt
2592.	Schwarzwald	2627.	Sternkenner
2593.	Stichling	2628.	Meistersänger
2594.	Fünfkampf	2629.	Helmschmuck
2595.	Mühlespiel	2630.	Burschenschaft
2596.	Faustpfand	2631.	Förderwagen
2597.	Lautenschläger	2632.	Logenmeister
2598.	Sprachmeister	2633.	Selbstherrscher
2599.	Moschee	2634.	Helmvisier
2600.	Waldteufel	2635.	Spitzenhändler
2601.	Spiegelgießer	2636.	Maurerpolier
2602.	Bruderherz	2637.	Spießträger
2603.	Vaterstolz	2638.	Hüttenbewohner
2604.	Brüdergemeinde	2639.	Henkelkorb
2605.	Felgenhauer	2640.	Spielmarke
2606.	Barren	2641.	Erdenmensch
2607.	Sägeschmied	2642.	Feuergewölbe
2608.	Saaltür	2643.	Mokkatasse
2609.	Bisam	2644.	Stammgericht
2610.	Fremdenliste	2645.	Panzertier
2611.	Korpsstudent	2646.	Ferienkursus
2612.	Feuerwolke	2647.	Oberlicht
2613.	Seherblick	2648.	Herbergsvater
2614.	Kuckucksei	2649.	Brunnenkreisel
2615.	Erpel	2650.	Fahrbahn
2616.	Quotient	2651.	Moorbrenner

2652.	Fabelwesen	2687.	Landesmarschall
2653.	Papierhändler	2688.	Kundschafter
2654.	Spitzenmuster	2689.	Moosbank
2655.	Nordsonne	2690.	Prachtkäfer
2656.	Filzwerk	2691.	Kunstkritiker
2657.	Odal	2692.	Niederländer
2658.	Spindelmacher	2693.	Merrettich
2659.	Herdentier	2694.	Waldhorn
2660.	Malzbier	2695.	Fischzüchter
2661.	Fackeljagd	2696.	Apostel
2662.	Kostnehmer	2697.	Karikatur
2663.	Heringstonne	2698.	Hängematte
2664.	Staatsrat	2699.	Feudalist
2665.	Fischmarkt	2700.	Baumensch
2666.	Kuchenmesser	2701.	Brunnenkresse
2667.	Lautenspieler	2702.	Prinzgemahl
2668.	Maifeld	2703.	Topfpflanze
2669.	Pfeilerbogen	2704.	Königsfreund
2670.	Staatszimmer	2705.	Tagebuch
2671.	Fischreiher	2706.	Beigeordneter
2672.	Waffenträger	2707.	Möbelwagen
2673.	Bärenhäuter	2708.	Kartäuser
2674.	Fischpaste	2709.	Förderschacht
2675.	Krämerseele	2710.	Kompliment
2676.	Münzstempel	2711.	Formkasten
2677.	Krankenpfleger	2712.	Goldadler
2678.	Unglaube	2713.	Spitzturm
2679.	Kunstjünger	2714.	Lebkuchen
2680.	Fürstentag	2715.	Metzgermeister
2681.	Volksvertreter	2716.	Harmoniker
2682.	Münzstätte	2717.	Fürstenwürde
2683.	Reclam	2718.	Heuwagen
2684.	Mittagstisch	2719.	Tannhäuser
2685.	Volkszähler	2720.	Männerriege
2686.	Himmelszelt	2721.	Pfeifendeckel

2722.	Mürbekuchen	2757.	Obstteller
2723.	Rehgeweih	2758.	Festabend
2724.	Mastkorb	2759.	Milchkanne
2725.	Krähenwinkel	2760.	Embryo
2726.	Mollakkord	2761.	Miederhaken
2727.	Torfstich	2762.	Kongreßredner
2728.	Modewelt	2763.	Gabelweihe
2729.	Engelsstimme	2764.	Leibfuchs
2730.	Fundregister	2765.	Mietsmann
2731.	Klopfkäfer	2766.	Kreiselgewölbe
2732.	Zauberkasten	2767.	Messingkäfer
2733.	Enkelkind	2768.	Rahmenleiste
2734.	Bronzedruck	2769.	Mietshaus
2735.	Morgenland	2770.	Tandem
2736.	Lobpreiser	2771.	Stehgeiger
2737.	Lattenrost	2772.	Reformer
2738.	Nußschale	2773.	Mietsauto
2739.	Erstgeborener	2774.	Erzpriester
2740.	Mauergeselle	2775.	Wallfahrer
2741.	Litewka	2776.	Fliegenvogel
2742.	Modezeitung	2777.	Kleinstädter
2743.	Raffael	2778.	Falkenbeize
2744.	Manschettenknopf	2779.	Erdenrund
2745.	Heuspeicher	2780.	Männerchor
2746.	Rednerbühne	2781.	Lichtschere
2747.	Mittagsglut	2782.	Kräftemesser
2748.	Pfirsichblüte	2783.	Rabenschlacht
2749.	Wallarbeiter	2784.	Miesmuschel
2750.	Flaschner	2785.	Kranzflechter
2751.	Morgengrauen	2786.	Flitterwerk
2752.	Novellendichter	2787.	Erzader
2753.	Herzkammer	2788.	Fleischermesser
2754.	Mantille	2789.	Fachgruppe
2755.	Messingschild	2790.	Kronrichter
2756.	Freudentrunk	2791.	Kutsche

2792.	Kultusminister	2827.	Amulett
2793.	Flatterkatze	2828.	Libanon
2794.	Eßgelage	2829.	Kollekte
2795.	Talfahrt	2830.	Birnbaum
2796.	Stimme	2831.	Blanka
2797.	Tassenkopf	2832.	Dekorateur
2798.	Roßhaar	2833.	Beschließerin
2799.	Engelszunge	2834.	Hotelgast
2800.	Knochenträger	2835.	Elritze
2801.	Erzhütte	2836.	Leibnitz
2802.	Krabbentaucher	2837.	Abessinier
2803.	Fuchsschwanz	2838.	Abteilfenster
2804.	Kolosser	2839.	Gesangbuch
2805.	Adel	2840.	Erbonkel
2806.	Versemacher	2841.	Blaumeise
2807.	Kolbenhals	2842.	Anfänger
2808.	Osterlamm	2843.	Unschuld
2809.	Topfgucker	2844.	Überschuh
2810.	Schichtwechsel	2845.	Stangklotz
2811.	Binokel	2846.	Einzelzelle
2812.	Kirmes	2847.	Reitkunst
2813.	Alpdruck	2848.	Warnkreuz
2814.	Mahdist	2849.	Tausendfüßler
2815.	Beutemacher	2850.	Brezeljunge
2816.	Eisenbahner	2851.	Fangspiel
2817.	Abendmahl	2852.	Gegengewicht
2818.	Velodrom	2853.	Cembalo
2819.	Birma	2854.	Insasse
2820.	Schriftgelehrter	2855.	Randleiste
2821.	Tümpel	2856.	Vorgeschichte
2822.	Bewunderer	2857.	Zahnbohrer
2823.	Schienbein	2858.	Musikmeister
2824.	Abenteurer	2859.	Ordensritter
2825.	Betstunde	2860.	Nachtschatten
2826.	Pandora	2861.	Arzneipflanze

2862.	Kegelbahn	2897.	Faltenwurf
2863.	Unfallhilfe	2898.	Zange
2864.	Segelsport	2899.	Pralinenpackung
2865.	Handwagen	2900.	Narrenmütze
2866.	Raufbold	2901.	Crawlschwimmer
2867.	Tropfstein	2902.	Gabentisch
2868.	Backenbart	2903.	Vatermörder
2869.	Filmatelier	2904.	Aschenbahn
2870.	Gallenblase	2905.	Kohlenwippe
2871.	Chorknabe	2906.	Schlittenhund
2872.	Ruderkasten	2907.	Pantomime
2873.	Wikinger	2908.	Weintraube
2874.	Zielrichter	2909.	Blattrosette
2875.	Maßliebchen	2910.	Türbeschlag
2876.	Obertasse	2911.	Karambolage
2877.	Nichtschwimmer	2912.	Drehschemel
2878.	Lehmgrube	2913.	Drohnendasein
2879.	Alpinist	2914.	Netzriegel
2880.	Kraftwerk	2915.	Magenwurst
2881.	Uranus	2916.	Hexensabatt
2882.	Polarstern	2917.	Untergestell
2883.	Sohlenschoner	2918.	Rokokodame
2884.	Hobeltisch	2919.	Zypergras
2885.	Rollschuh	2920.	Weinkühler
2886.	Troßknecht	2921.	Blockstation
2887.	Pfeffersack	2922.	Anlaufrad
2888.	Eßbesteck	2923.	Direktrice
2889.	Hinterkopf	2924.	Figaro
2890.	Betonbau	2925.	Gegenlift
2891.	Schlapphut	2926.	Knochensäge
2892.	Dienstrock	2927.	Rutschbahn
2893.	Abflußrohr	2928.	Prater
2894.	Zimtbaum	2929.	Zweimaster
2895.	Wasserassel	2930.	Prellschiene
2896.	Buschrose	2931.	Oktoberfest

2932. Augenzeuge
2933. Zwischenraum
2934. Wurzelknolle
2935. Pesade
2936. Binsenpuppe
2937. Gurtschnalle
2938. Parkeingang
2939. Schicksalsfrau
2940. Blütenknospe
2941. Grabstock
2942. Leichtathlet
2943. Wendeltreppe
2944. Zuckerrübe
2945. Kletterbaum
2946. Lianengewächs
2947. Diktatzeichen
2948. Korallenriff
2949. Luxusdampfer
2950. Schuhplattler
2951. Hungerkünstler
2952. Galopprennen
2953. Asphaltschicht
2954. Unterzeug
2955. Biberschwanz
2956. Heringsfaß
2957. Igelkopf
2958. Nachbarhaus
2959. Salatpflanze
2960. Zuschlaghammer
2961. Weihrauchfaß
2962. Vorturner
2963. Salatstaude
2964. Gipfelpunkt
2965. Pflaumenmus
2966. Trockendock

2967. Ziegenpeter
2968. Kommaschieber
2969. Tubabläser
2970. Gletschertor
2971. Abreißkalender
2972. Ziegenkörper
2973. Winzerverein
2974. Apachentanz
2975. Jägerhütchen
2976. Plattformwagen
2977. Landpomeranze
2978. Gefängnishof
2979. Filtersieb
2980. Sommerfrische
2981. Raupenschlepper
2982. Handspritze
2983. Strandkorb
2984. Hirnschale
2985. Pferdekoppel
2986. Umlaufregler
2987. Kali
2988. Heckmotor
2989. Luftakrobat
2990. Helikon
2991. Katzenzunge
2992. Gnadenkette
2993. Bierkutscher
2994. Andreaskreuz
2995. Orgelstuhl
2996. Kratersee
2997. Kirschkern
2998. Drillmaschine
2999. Nasenring
3000. Mozartzopf